喵嗚～漫畫論語教室

〔著・漫畫〕上重☆小百合
〔監修〕小島毅
〔翻譯〕李彥樺

Little Bear Books

喵嗚～
歡迎光臨「貓咪論語教室」。

你願意踏進這間「貓咪論語教室」，實在是值得嘉許。

但可別被老夫的一把長鬍子嚇到了喔！老夫名叫喵公，乃是孔子投胎轉世。

你聽過「孔子」這個人嗎？

他是距今約兩千五百年前的中國思想家，更是儒家思想的創始者。

他十五歲就立志向學，儘管做著倉庫及牧場的管理工作，積極向學的心，仍不曾鬆懈。

後來孔子聚集弟子，開了一間小小的私塾*，受到許多好

論語教室裡的學習同伴

喵公

孔子投胎轉世後變成的一隻貓。為了教導貓咪們正確的處世之道，歷經漫長的旅行後，開了這間「貓咪論語教室」。

評。他教導弟子，如果想要改善社會，就必須提倡寬恕及禮儀。

而弟子們在孔子去世後將他的教誨寫成了一本書，那就是《論語》。

《論語》是古人流傳下來的教誨，但在現今的社會中一樣值得作為參考。書裡有很多困難的詞句，或許不太好懂，但你完全不必擔心，只要你用心閱讀，一定能明白其中的道理。

這裡還有很多有趣的同伴，你可以跟著他們一邊玩樂一邊學習唷！

＊私塾：舊時家庭或老師自己設立的教學場所。

阿茶

喜歡研究《論語》的熱心學生。非常勤勉好學，住在書店裡。

茉莉

偶然間發現論語教室，決定加入學習。

次郎

喵公老師的第一個學生。目標是成為最懂「恕」的道理的貓。

目次

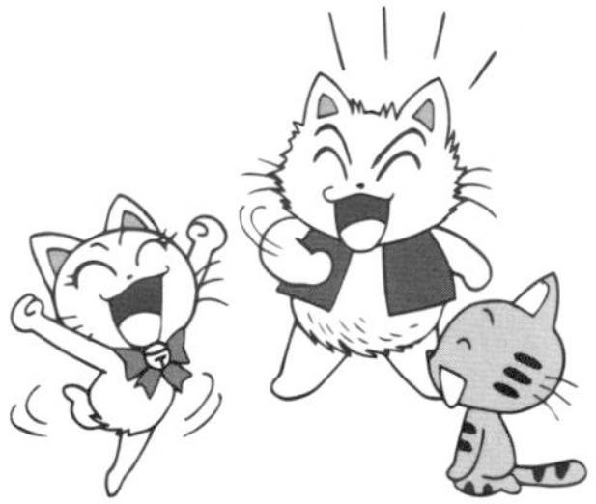

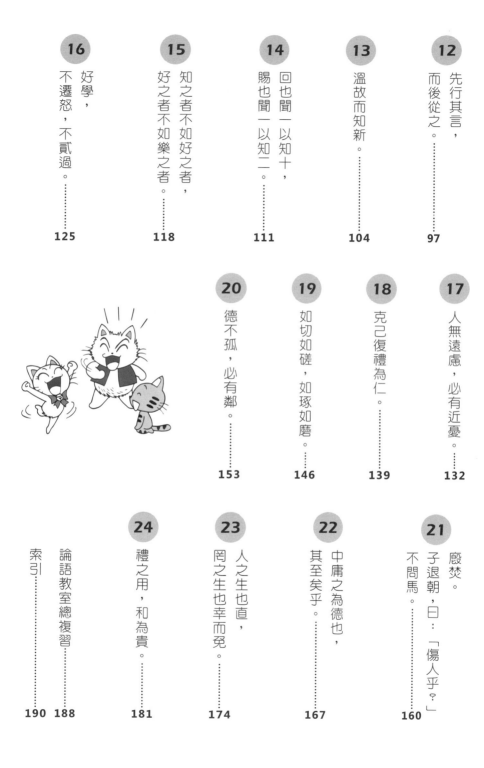

野貓茉莉經常四處遊玩。
這一天，茉莉看見一隻大貓跳進了後院。
他要做什麼？
論語教室
論語教室？
你為什麼鬼鬼祟祟跟著我？
咦？
我知道了！你也想加入，對吧？
咦？不是啦！

老師，我帶來了一個新學生！
呵呵，真是太好了。
你是老夫的第二個學生。
學生？
我叫次郎，是老師的第一個學生！
這位是喵公老師，他可是孔子投胎轉世呢！
就像牛投胎變成一隻貓嗎？
好厲害！
才沒那麼遜！

孔子是距今大約兩千五百年前的中國思想家，而且是儒家思想的創始者。
據說弟子多達三千人。
好厲害！

孔子年幼時，父親就過世了，從小過著貧困的生活。十五歲時，孔子決定認真求學。
他一邊擔任倉庫及牧場的管理員，一邊努力讀書。

後來孔子開了間小私塾，越來越多的人追隨他學習，獲得不錯的評價。
孔子五十多歲時，魯國君主仰慕他的名聲，封他為官。
但卻因遭到嫉妒而失去官位。
我的理想並沒有改變！只有品德高尚的人，才能實現品德高尚的政治。
於是，孔子帶著弟子們出門旅行。
當時的中國由許多小國所組成。
為了讓社會更加美好，孔子周遊各國，提倡寬恕與禮儀的重要。

那時候，中國正處於各國
互相爭戰的亂世!!
沒有一個國家願意採納
孔子的主張。

孔子和弟子們並不灰心，
繼續四處旅行與研究學問。
颼颼～
有時得露宿野外，
甚至忍受飢餓。

歷經長達十四年的旅行，
孔子晚年時回到了魯國。
他決定專心教導年輕人，
把希望寄託在下一代。

孔子過世後，弟子們把他的教誨整理成書，也就是《論語》。
噹噹
論語
原來如此！
老夫既然轉世為貓，就該讓貓也明白正確的處世之道。
經過漫長的旅行，在這裡開了這間教室。
好，我們開始上課吧！
是！
我好像還沒答應要在這裡學習……
就這樣，茉莉成了論語教室的學生。

茉莉在偶然的機緣下，成了「論語教室」的學生。
擔任老師的是——孔子投胎轉世的喵公。
《論語》共有二十篇，大約分成了五百個章節。
論語
今天就從第一篇第一章開始學起。
噹噹——噹
就是這幾句！
學而時習之，不亦說乎？有朋自遠方來，不亦樂乎？人不知而不慍，不亦君子乎？

好難喔！我都看不懂。
時習之，
說乎？
自遠方來，
樂乎？
孔子生長在古代的中國，《論語》使用的當然是古代的中文。
如果沒學過古文，看不懂也是很正常的。
讓次郎表現一下，讀一讀這幾句話吧！
次郎，請！
學而時習之，不亦說乎？
有朋自遠方來，不亦樂乎？
人不知而不慍，不亦君子乎？

聽起來好深奧。
？
是啊，這就是古代人說話的方式。
次郎，你用現代的說法解釋一下。
時常反覆溫習已經學得的知識，不是很愉快嗎？
有志同道合的朋友從遠方來探望，不是很令人欣喜嗎？
即使別人不了解我，我也不會因此而感到憤恨，這不就是君子應有的氣度嗎？
回答得很好，了不起！
啪啪
啪啪
當然！
這幾句話，我練習了五百次以上。
真的假的？

我是一隻追求完美的貓！
我要成為全國最強的論語貓！
哦？那我問你，下一句是什麼？
不知道，我只讀完第一章。
滑倒
只有第一頁被翻爛了啊……
哈哈哈
今天真是開心呀！
遇上大老遠來到這裡的茉莉。
笑
讓老夫的臉上也充滿笑容呢！
笑
我住在附近啦！

其實我不太相信，老師是孔子投胎轉世……
老師這麼偉大，你竟敢不相信他？
次郎，住手！
人不知而不慍，你忘了嗎？
對不起
真是的
老夫就算沒有獲得認同也不會在意，更不會生氣。
想知道原因嗎？
想！是為什麼呢？

因為老夫是隻偉大的貓！
哇哈哈哈哈
啪啪啪
沒錯！老師最偉大了！
孔子真的是這種個性嗎？真叫人懷疑。
不被認同的時候，感到生氣或是抱怨，這是很自然的。
但如果能保持風度，不讓怒氣顯露在臉上，你不覺得這樣的貓帥氣多了嗎？
這麼說，有道理！
茉莉逐漸明白喵公教導的《論語》精髓。

1 什麼是「恕」？

其恕乎！己所不欲，勿施於人。

《論語・衛靈公第十五》

這就是推己及人的道理！自己不想承受的事，就不要施加在他人身上。

「論語教室」裡，貓咪們希望透過《論語》來學習處世之道。
論語教室
茉莉！
為了慶祝你加入論語教室，
我把最喜歡的罐頭飼料送給你！
飼料
我不要！
什麼？
你竟然敢不接受我的好意！
我說不要就是不要！
飼料
飼料
身為一隻貓，你怎麼可以不吃罐頭飼料！
喵－
我就是不要這個罐頭！
喵－
你們在做什麼？
不准吵架！
飼料

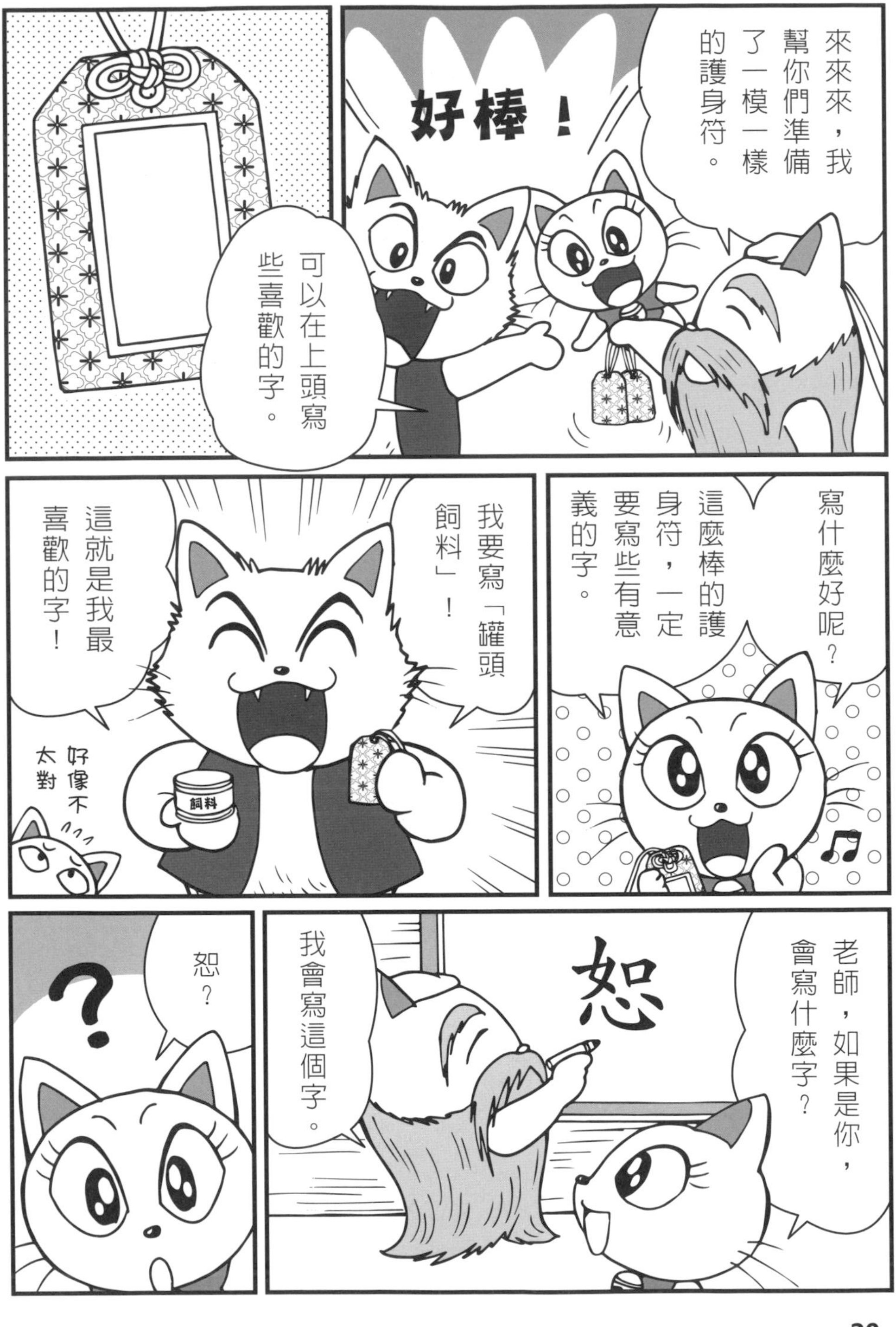
來來來，我幫你們準備了一模一樣的護身符。
好棒！
可以在上頭寫些喜歡的字。
寫什麼好呢？
這麼棒的護身符，一定要寫些有意義的字。
我要寫「罐頭飼料」！
這就是我最喜歡的字！
飼料
好像不太對
老師，如果是你，會寫什麼字？
恕
我會寫這個字。
恕？
？

「恕」和「怒」長得很像，但是意思完全不同。
✕
怒
○
恕
所謂的「恕」，指的是「推己及人」的道理。
「推己及人」是什麼意思？
✕
怒
○
恕
「己所不欲，勿施於人！」
《論語．衛靈公第十五》
不希望別人對自己做的事，也不要對別人做。
舉個例子，你們都不希望被欺負吧？其他貓也是這麼想，所以你們就不應該這麼做。
原來如此

但是，剛剛次郎欺負我。
你……
你說什麼？
我是要送你我最喜歡的罐頭飼料。
竟然說我欺負你！
那是你吃了一半的罐頭……
打開了
次郎，你把吃一半的罐頭送給茉莉，她當然不收。
我只是打開嘗嘗味道，沒有關係吧……
當然有關係

自己喜歡的東西，對方不見得也喜歡。
快聽這片CD！
老歌
CD
我不喜歡老歌……
蛇好可愛！♪
有時自己討厭的東西，對方卻很喜歡。
就算是基於一片好心，也有可能造成別人的困擾。
最重要的是理解對方的心情，
這就是真正的「恕」！
原來如此。
我決定了！
我要成為最懂「恕」的貓！

茉莉，不管你想要什麼，我都可以送給你！
拍胸脯！
真的嗎？
呃……你先說說看好了……
驚
噹～～噹
我要一整條黑鮪魚！
哇啊
哈哈哈哈
有意思！有意思！
寫上了「恕」字的護身符……
恕
成了茉莉最珍愛的寶物。

2

從能力可及的事情做起

仁遠乎哉？我欲仁，斯仁至矣。

《論語‧述而第七》

仁慈離我們很遠嗎？只要想獲得仁慈，仁慈自然就會來了。

野貓茉莉為了成為一隻品德高尚的貓，正在論語教室學習處世之道。
噠噠噠噠
糟糕，要遲到了！
不好意思，我想問路……
我現在沒空！
……
幸好趕上了！
論語教室
安全上壘！
茉莉，你怎麼老是這麼晚來？

我們開始上課吧！
仁
你們認得這個字嗎？
我知道！讀作「二」！
滑倒
請不要有邊讀邊，這個字是「仁」。
說什麼「二」嘛。
哈哈哈哈
吵死了！
仁這個字的左半部是「人」，右半部是數字的「二」。
仁
這個字的意思就是體諒、同理別人。

上次學的「恕」字，不也是差不多的意思？
沒錯，要擁有「仁慈」之心，就必須學會「恕」。
「仁慈」是活在這世上最重要的品德。
聽起來好難。
我要當一隻最懂「仁慈」的貓！
請問該怎麼實踐呢？
《論語・述而第七》
「仁遠乎哉？我欲仁，斯仁至矣。」
仁慈離我們一點也不遠。只要想獲得仁慈，仁慈自然就會來了。

「仁慈」會自己來？
哈 哈 哈
哪裡？在哪裡？
右看 左看
打從一開始，仁慈就在你們的心裡。
只要有心，隨時都能付諸行動。
在心裡？
想要當隻善良的貓，想要有顆仁慈的心，
仁慈就會自然而然在心中發育成長。
太棒了！我從剛剛就這麼想，現在仁慈已經在我的心裡了！
我是一隻仁慈的貓！
沒那麼簡單！

只有內心仁慈，但若沒有表現出來，是沒有意義的。
最好從身邊的事情著手，在自己做得到的範圍內發揮仁慈之心。
遵命！
老師，我幫你按摩！
這也算是仁慈吧？
這算嗎？好痛……
驚
那隻貓需要幫助，我卻沒有理他……
我缺少了仁慈之心……
他還留在那裡嗎？

找到了！
剛剛真是抱歉，你要去哪裡呢？
聽說這附近有間論語教室。
是真的嗎？我想要參加。
咦？
我正是那裡的學生！
太巧了！
我叫阿茶，請多多指教！
於是，論語教室裡又多了一位夥伴。

3 發現過錯就要改

過而不改，是謂過矣。

《論語．衛靈公第十五》

過則勿憚改。

《論語．學而第一》

有了過錯卻不改正，那便是真正的過錯。

有了過錯，不要害怕改正。

茉莉這陣子已習慣到論語教室上課，卻改不了遲到的毛病……
哎呀，今天又要遲到了！
噠噠噠噠噠
不好意思！
你遲到了十分鐘。
呼～呼～
到底在搞什麼！
茉莉，你不是說過今天不會遲到嗎？
人家睡過頭了啦！只是晚到十分鐘，有什麼關係！
當然有關係！大家都在等你！

「過而不改，是謂過矣。」
沒錯！
每隻貓都會犯錯，但如果知道了卻不改，那便是真正的過錯！
嚴厲！
嗯……
我只是晚了一點。
又不是做了什麼大壞事！
犯錯是常有的事，
重要的是犯錯後如何修正自己的行為。

我明白了！
我會改過！下次不會再遲到！
啪啪啪
哼！我才不相信。
次郎，你好過分！
沒錯，次郎。你也要改一改說話無禮的壞毛病。
驚
原來我也犯了過錯！
茉莉，你要加油！
好！

下一次上課的日子……
噠
噠
噠
噠
噠
你果然又遲到，根本沒有改過！
次郎，注意禮貌！
呃……
你也真是的，怎麼不改過呢？
我有改啊！這次只遲到九分鐘，進步了一分鐘！
滑倒
對吧，老師！
唔，確實可以這麼說……

《論語・學而第一》
「過則勿憚改。」
發現自己犯了錯，不要害怕改正。只要在能力範圍內盡量修正就可以了。
沒問題，我會盡量改善的！
又到了下次上課的日子……
噠
噠
噠
遲到八分鐘。
太好了！
進步兩分鐘！
這……這樣就行了嗎？

茉莉花了十次上課的時間，終於改掉遲到十分鐘的壞毛病。
茉莉的步調雖然慢了點，但是努力不懈的態度很值得嘉許。
YA！
但茉莉並沒有因此而滿足……
論語教室
她抵達教室的時間越來越早……
今天我又是第一名！
你們來得太慢了！
嘿嘿
接下來得改一改你的表情。

4 不能以貌取人

巧言令色，鮮矣仁。

《論語．學而第一》

只會阿諛奉承的人，不會有仁慈之心。

晴朗的午後，茉莉正在溪邊抓魚。
嘿
啪
太好了！
今天大豐收！
跳
跳
跳
拿去論語教室分給大家。♫
啦
啦
好多魚呀！

我從剛剛就一直在觀察你，你的捕魚技巧真高明。
沒有啦……
而且你長得好可愛。
羞
討厭。
如果不嫌棄，我用這條珍珠項鍊和你交換抓到的魚，好嗎？
珍珠？
很適合你唷！
不過是幾條魚罷了！
我願意交換！

啦啦啦
我用抓到的魚，交換了這條珍珠項鍊。
是不是很像貴婦？
瞪
怎麼了嗎？
那只是普通的塑膠珠子。
驚
不會吧？
我被騙了？
軟
軟
哪裡像貴婦了！

《論語・學而第一》
「巧言令色，鮮矣仁。」
巧言令色
「巧言」的意思是說好聽話，
「令色」的意思是臉色很和善，可是一點也不誠懇。
整句就是說，如果只會說好聽話，或是表面上假裝親切，這種人通常沒有仁慈之心。
仔細想想，
那傢伙的表情的確很虛假。
你不該這麼輕易上當，這件事你也有錯。
好不甘心！
再讓我遇上，絕對饒不了他！

任何時候都不該以貌取人。
像次郎就是面惡心善的最好例子。
面惡心善？
的確
有道理
我一直以為自己長得很帥……
嗚嗚嗚
沒想到他這麼容易受傷。
老夫只是打個比方！
總之，要隨時保持冷靜，不可以單從外表來判斷。
每天都要提醒自己務必謹慎。
了解！

不久之後……
啪
跳
跳
今天也是大豐收！
驚
好多魚呀！
瞪
怎麼了？
看起來很像喵公老師，但有可能是假冒的，非常可疑。
瞪
一點也不可疑！
老夫正是喵公！

5 試著去理解他人

不患人之不己知，患不知人也。

《論語・學而第一》

就算他人不理解自己，也不必為此埋怨。真正該擔心的是，自己不理解他人。

茉莉住的社區經常召開「貓咪集會」。
聽說今天有臨時會議？
不曉得發生了什麼事？
各位貓咪朋友，因為現任會長搬家，
所以今天要選出一位新會長。
選會長？
我從以前就一直好想當會長。
這是個好機會！

請把適合的貓咪會長人選寫在紙上，放進投票箱。
吵鬧
吵鬧
我在社區裡這麼受歡迎，
應該很有機會當選！
呵呵
公布開票結果！
新會長是——次郎！
咦？
我？
哇啊
什麼？
為……為什麼是次郎？
好吧，請多多指教。
啪
啪
啪
啪
啪

論語教室
午安……
失魂落魄
茉莉，你怎麼了？
沒當上會長，所以很沮喪吧？
我明明比較適合當會長，大家卻不明白……
《論語．學而第一》
「不患人之不己知，患不知人也。」
就算不被人所理解，也不必在意。應該在意的是自己並不夠理解他人。

你不認可別人的優點，卻希望別人看到你的長處。
不覺得這樣有點太自私了嗎？
與其想盡辦法讓別人了解自己，更重要的是想辦法去理解別人。
笑
這麼說起來，我的確不太了解次郎。
看什麼？
喵
謝謝喵公今天的教導。
論語教室
回去的路上小心！

次郎，你來得正好。
能不能幫我搬這些東西？
沒問題！
謝謝你總是這麼熱心！
沒什麼啦！
次郎，玩具壞了，你能幫忙修好嗎？
拿來我看看。
次郎經常幫助社區裡的人。
寫下來
啊！
驚

那丫頭在搞什麼？
嚇我一跳！
嗨，次郎。你要回家了嗎？
是啊！
好可愛
撒嬌
次郎和其他動物也處得很好。
寫寫
啊？
好可怕！
你別再跟蹤我了！
人家想更加了解你嘛！
寫寫
次郎的確有當領袖的才能，這下我明白了。
筆記本

6

生活習慣很重要

性相近也，習相遠也。

《論語・陽貨第十七》

每個人與生俱來的素質都很相似，卻會因為生活習慣而產生差異。

論語教室
各位弟子，
有誰能背出我們學過的《論語》內容？
呃……這個嘛……我要想一下……
「過而不改，是謂過矣。」
「巧言令色，鮮矣仁。」
「不患人之不己知，患不知人也。」
阿茶，你背得很熟，真了不起！
謝謝老師！
《論語》好有趣，我一下子就全背起來了！

一邊複習，一邊從字典裡查到字的意思，好開心！
你真是勤奮好學！
將來一定能成為一隻偉大的貓！
阿茶的腦筋本來就比較好……
哪像我天生這麼笨……
你也不必窩在角落唉聲嘆氣吧！
資質比別人差，再怎麼努力也沒用……
茉莉，你這麼想就錯了。

《論語．陽貨第十七》
「性相近也，習相遠也。」
大家與生俱來的資質都很相似，是生活習慣的不同，而產生的差異。
阿茶，你平常有沒有什麼習慣？
有啊！
我每天都會看書！
真的嗎？
對呀，因為我住在書店裡，有看不完的書。
好羨慕

我就知道。阿茶就是比較幸運！
你們可以到我家來唷！
咦？
我家的飼主和客人都很喜歡貓，一定很歡迎你們。
真的可以嗎？
太好了！
佐藤書店
就是這裡！
喔喔喔！

好！從今天開始，我也要每天看書，當一隻好學的貓！
阿茶，你帶朋友回來玩啊？
謝謝你們和阿茶當好朋友。
好可愛呀！
撒嬌
要不要吃點心？
蟹肉切片
要♥
等等，你們不是來看書的嗎？

阿茶，你不吃嗎？
先不用……
蟹肉好好吃。
雖然很想吃……
我等看完這本書再吃！
孔子
孔
撒嬌～
真是的～
好帥～
好可愛♥
你們拜訪阿茶家的書店了？
我們每天都去呢！
好快樂呀！
這兩隻貓只養成去書店的習慣，卻沒有養成看書的習慣……
他們好像都沒在看書……

7 不迷惘，不擔心，不畏懼

知者不惑，仁者不憂，勇者不懼。

《論語・子罕第九》

聰明的人不會不知所措，仁慈的人不會胡亂操心，勇敢的人不會心存恐懼。

今天在公園裡一邊散步一邊上課吧！
太棒了！！！
哇！樹上有果實，看起來好好吃。
別放進嘴巴！
那個叫「白英」，是有毒的植物！
書上說尤其是它的果實，含有劇毒！
咦？真的嗎？

很多植物看起來很好吃，但卻帶有毒性。
沒錯，千萬別看外表，就傻傻的摘來吃唷！
是。
不愧是阿茶，知道的事情真多！
栗子應該就能吃了吧？
嗯，上面的小洞是被蟲咬了。
多撿一點，回去煮栗子飯給大家吃！
茉莉真是溫柔體貼。
喂！這裡是我們的地盤，誰准你們進來的？
是壞狸貓兄弟！

快滾出去！
他們好凶。
我好怕。
公園是屬於人家的！
你說什麼？
想打架嗎？
次郎！
聽說狸貓最怕狗了！
是嗎？
汪汪！
原來那傢伙是狗！
快逃～
太好了！
如何？
不愧是次郎！
呵呵。

看了你們剛剛的表現，為師想到一句話。
大家坐下吧！
請問是哪句話？
「知者不惑，仁者不憂，勇者不懼。」
《論語．子罕第九》
聰明的人不會不知所措，仁慈的人不會胡亂操心，勇敢的人不會心存恐懼。
知者：擁有知識或智慧的人。
仁者：心地善良仁慈的人。
勇者：有勇氣的人。
這麼說來，我就是那個勇者！
阿茶知道很多事，所以是知者！
過獎了……
害羞

光是知道很多事，還不夠格稱為「知者」。
必須擁有正確的知識與智慧，能夠做出正確的判斷才行。
阿茶，希望你把這個當成目標。
是！
但是，我好希望像次郎一樣，那麼有勇氣……
我好想當一隻什麼都知道的貓！
知者、仁者、勇者，我全部都想當！
要同時擁有智慧、仁慈與勇氣，並不是一件簡單的事。
大家好好加油，總有一天會實現的。
是！

老師，我們之中，有誰勉強稱得上三種都擁有嗎？
我們之中嗎？
這個嘛……
我想想看……
緊張
緊張
緊張
應該是老夫吧！
滑倒

8 別盲目跟隨他人

君子和而不同，小人同而不和。

《論語・子路第十三》

君子與朋友誠心往來，不會只是表面上的認同。小人則只是表面上認同，沒有辦法誠心往來。

社區馬上就要舉辦貓咪祭典，我想以「論語教室」的名義擺攤！
這主意不錯！
我都想好了，就賣我最喜歡吃的鯛魚燒！
贊成！我也喜歡吃鯛魚燒！
阿茶，你也贊成吧？
呃……這個嘛……
能不能說得詳細一點？

我大概估算了一下，包含材料和其他費用，
製作一個鯛魚燒大概要十五元。
不過呢……
我們一個賣三十元，賺到的錢就當作我們的零用錢！
吃遍所有攤販～♪
好主意！好主意！
這個……我不贊成！
什麼？

我覺得不該只顧著賺錢……
你說什麼？竟然批評我的作法？
我不是批評……只是表達意見……
好吧，既然意見不合，那你就別參加。
反正你不想和我們在一起，對吧？
沒錯！沒錯！
我不是那個意思！
《論語．子路第十三》
「君子和而不同，小人同而不和。」
咳咳！

一個有品德的人，懂得與他人協調，但絕不盲目追隨。
和而不同
就是這樣沒錯！
我不這麼認為……
品德不佳的人，不懂得協調的重要性，只會表面上認同。
同而不和
就是這樣沒錯！
就是這樣！
應該不是這樣吧……
剛剛阿茶很有自己的主見，茉莉則只是在附和次郎。
可是……
我沒辦法清楚表達……
我是小人嗎？
我建議你們再好好討論一次。
是！

我認為只要賣的東西好吃，賺錢並沒有什麼不對。
話是這麼說沒錯……
但我們的目的應該不只是賺錢。
茉莉，你覺得呢？
嗯……我認為……
既然是祭典，就要開開心心！
只要開心，不管怎麼做都可以！
好吧！那我們就不要在乎賺不賺錢。
開開心心的賣鯛魚燒吧！
很好、很好。
好——！
貓咪祭典當天……
喵～
喵～
喵～
好吃熱狗
可麗

鯛魚燒
論語教室的攤位大受好評，鯛魚燒一下子就賣光了。
售完
謝謝大家的惠顧！
好吃、好吃。
啊！忘記把我們要吃的留下來了。
怎麼會這樣？
空……空……
大家一起餓肚子也不錯呀！
哈哈哈
我最喜歡的鯛魚燒……
咕嚕～
咕嚕～
咕嚕～
咕嚕～

9

不管做什麼都要適可而止

過猶不及。

《論語．先進第十一》

做過頭就和做得不足一樣，都是不好的。

痛痛痛痛……
次郎，你怎麼了？
好痛
我全身肌肉痠痛……
我想要鍛鍊強健的體魄……
一身肌肉
喔喔喔
但好像鍛鍊過頭了……

光是坐著也覺得好痛！
啊～
痛～
好吵唷！
唉……
好了，我們開始上課吧！
昏昏～欲睡
阿茶，你看起來好像很累？
驚
對不起！
我只是睡眠不足……
昨晚睡前看書看得太入迷，一不小心就看到了天亮……

打瞌睡
打瞌睡
痛
痛
痛
今天到底是怎麼回事？
咳咳！
「過猶不及。」
《論語・先進第十一》
不管什麼事都一樣，做得太過頭或做得不夠都不好。
沒錯！千萬不能做得太過頭！

你們該學學我，不愛運動也不愛看書，絕對不會做過頭！
這有什麼好炫耀！
可是為什麼……
做過頭會和做得不夠一樣呢？
次郎，你原本鍛鍊身體的目的，是為了健康著想，對吧？
是的。

可是，你鍛鍊得太過頭，傷害了身體，不是反而變得不健康嗎？
有道理！
痛痛痛
這種不健康的感覺，就和肌肉缺乏鍛鍊一樣。
同樣的道理，讀書確實是件好事。
能夠從書上學到很多知識。
但是阿茶，你為了看書熬夜而睡眠不足，今天反而沒有辦法好好專心上課。
結果該學的內容沒學好，這不是一種損失嗎？

當初你們若懂得適可而止，就不會發生這樣的事了。
明白了……
專心做一件事並不是壞事，
但你們要牢牢記住「過猶不及」這句話，千萬別做過頭了。
是！
今天的課也該結束了，別上過頭了唷！

10 怎麼做算是沒有勇氣呢？

見義不為，無勇也。

《論語．為政第二》

知道該做什麼事卻沒有去做，就是缺乏勇氣。

我們今天穿過公園去論語教室吧！
好啊！
誰來救救我～
你的紅蘿蔔看起來挺好吃的。
快交出來！
啊！
壞狸貓兄弟在欺負小兔子！
怎……怎麼辦？

雖然很想救他……
但是好可怕。
想逃？
如果不交出來，你就有苦頭吃了！
可惡，被逃走了！
跳
跳
我們……
什麼忙也沒幫上……
沮喪……
你們怎麼了？看起來這麼沒精神。
事情是這樣的……

《論語．為政第二》
「見義不為，無勇也。」
明明知道該做什麼事卻沒有去做，就是缺乏勇氣。
一點也沒錯……
我根本沒有勇氣站出去……
應該一起對抗他們才對……
但如果連我們也被抓住了，一樣沒辦法幫上忙……
別想反抗！
別想反抗！
嗯……

對了！遇上小偷時，自己追趕很危險，我們不是會趕緊報警嗎？
剛剛的情況，是不是也可以找人幫忙？
沒錯，如果遇上自己實在無能為力的狀況，
可以想辦法找其他人來幫忙。
一定要鼓起勇氣採取行動，不可以當作沒看見。
是！

如果是剛剛的情況……
有什麼是我能為小兔子做的呢？
大家再見！
明天見！
肚子好餓～
晚餐吃什麼好呢？
次郎，不好了！你快來！
哇！
什麼？
要做什麼？
壞狸貓兄弟又在欺負小兔子了！
別想逃！
紅蘿蔔交出來！
什麼！

不准欺負弱小！
哇！是次郎。
我最不會應付這傢伙！
不愧是次郎！
呵呵
小事一樁！
謝謝你！
次郎，你快來！
阿茶，怎麼了？
老婆婆的行李太重，累得走不動。
真是謝謝你！
別什麼事情都推給我啦！
我的力氣太小了……

喵心說 一起深入了解《論語》吧！

孔子將希望寄託《論語》

孔子是個什麼樣的人？

孔子很努力想要把祖先流傳下來的古老智慧傳承給下一代。年輕的時候，他的夢想是讓社會變得更美好。但是邁入老年之後，他放棄了這個夢想，改把希望寄託在下一代身上。後來弟子們把他的教誨全記錄在《論語》這本書裡。

《論語》是本什麼樣的書？

與其說《論語》是書，倒不如說《論語》是一本孔子與弟子對話的紀錄。和一般常見的書籍不同，《論語》裡沒有一篇一篇的文章，而是一則一則你問我答的對話。因此，即便是同樣問「如何學習？」，孔子也會依據發問者、情境的不同，而有不同的回應唷！

《論語》大約五百個章節，內容全部和道德有關嗎？

不，其實有四百多個章節因為內容較特殊，已不適用於現代社會。只剩下大約一百個章節，像是「過猶不及」這種即使現代也通用的道德規範。

《論語》所要傳達的，應該就是「仁」的概念吧？

沒錯！論語的中心思想，的確可以歸納為「仁」這個字。所謂「仁」，指的是寬厚善良的德行。或許有點抽象，其實在生活中是很容易實現的，例如尊重別人、設身處地的為他人著想等。

《論語》裡有不少困難的詞句，有沒有學習的訣竅呢？

可以試著朗讀原文，習慣文言文的語法和節奏感。或是把原文配上旋律，以唱歌的方式記下來，這也是儒家傳統經常使用的教育方式。同樣的道理，也可以一邊念一邊做動作，來幫助加深印象。

把《論語》當成心靈依靠

《論語》裡有很多詞句，即使到了現代也很有用呢！

《論語》中提到的「禮」、「義」這些字眼，都和平日的生活息息相關，但《論語》的內容只能當作參考。譬如不應該認為「因為《論語》裡這麼寫，所以我就得這樣與朋友建立關係」，而是應該好好理解《論語》中關於朋友的內容，再實現在交朋友的關係中，當成現實友誼關係的佐證。而這才是真正的把《論語》實踐在生活裡。

最近好像很多人都在學《論語》？

這些年來，「學習論語」一直維持著小小的熱潮，最大的理由應該是因為現代人不再以「追求溫飽」為目標，取而代之的是尋求心靈的依靠。不只在臺灣，就連日本、中國，都掀起一股重新評價《論語》的風潮。《論語》作為中華文化的一環，世界上有不少人都在認真學習呢！

11

擁有自己的主見

學而不思則罔。

《論語・為政第二》

如果只是死背卻不加以思考，不能算是真正的理解。

我最近喜歡學習歷史典故，
正在努力認識古代的偉人呢！
真的假的？你認識哪些人了？
我現在就證明給你看！
魯國有個大將軍——吳起！
咦？
可是我看書上寫吳起是魏國的將軍。
喂，到底是哪一國啊？
我也不知道。
我只是把國家記下來。
我也沒有仔細查證……
咳咳！

《論語．為政第二》
「學而不思則罔。」
如果只是死背別人說過的話或書上的知識，自己卻沒有好好思考，那就不算是真正的理解。
你們必須學會自己判斷。
譬如說這句話是什麼意思，那句話為什麼那樣寫，都要好好想清楚。
是……
既然如此，我們把握機會，把這個大將軍的生平好好查清楚吧！
這種時候就得靠……
嘿嘿

書店
幸好阿茶家是書店。
書要多少有多少！
我來看看……
書上說吳起出生於戰國時代的衛國，後來到魯國學習兵法。
學習兵法？
就是訓練士兵及作戰時用的策略。
好厲害！
之後，吳起受到魏國君王的任用，策畫各種戰略。
所以吳起做過魯國的將軍，也做過魏國的將軍；最後還到楚國進行改革。
吳起這個大將軍，真是太強了！
佩服佩服

橫掃千軍，太帥氣了！
我也好想像將軍一樣，靠打仗奪取天下！
我……我不喜歡戰爭……
戰爭會造成很多傷亡，讓人失去家園或工作。我不想過那種互相憎恨的日子。
嗚……
沒錯！戰爭看起來好像很「帥氣」，其實是非常殘酷的事。
我們該怎麼做，才能讓世界上沒有戰爭呢？

大家當好朋友。只要不吵架，就不會發生戰爭了！
沒錯！每個人盡一分心力，一定能創造和平的世界！
我的想法和你們不一樣！
世界上會有紛爭，是因為有些人想要搶走別人的東西，或是要求別人照自己的意思去做。
所以我要變成世界上最厲害的貓，把這種人全部打倒！
如果這樣，次郎也應該被打倒吧？
咦？
哇哈哈哈哈

大家各自有自己的想法，這樣很好。
比起只記偉人的名字，感覺學到了更多。
我也覺得讀書更有趣了！
維持這樣的心態，繼續討論下去吧！
是！
貓咪們認真討論著關於戰爭與和平的嚴肅議題，可惜人類一句也聽不懂。
喵～
喵～
喵～
喵～
喵～
喵～
你看！
好可愛！

12 付諸行動

先行其言，而後從之。

《論語．為政第二》

先採取行動去實踐心中的想法，達成後，才試著向他人說明。

今年也請多多指教！
大家有沒有什麼新年目標？
有！
今年起，我每天都要早起，幫忙撿社區裡的垃圾。
哦？這目標真是遠大。
我想讓社區變得更乾淨！
茉莉真偉大！
太厲害了！

還有，我想要學英語會話，當一隻國際化的貓！
哇啊～
好讓人敬佩。
很好，希望你努力加油。
數天後
阿茶，你怎麼在撿垃圾？
次郎，早安！
我聽到茉莉說要幫忙撿垃圾，想向她看齊。
阿茶，你真了不起。

茉莉，你現在還是每天早上都在撿垃圾嗎？
論語教室
沒有啊！
咦？
那你的英語會話學得怎麼樣了？
沒在學呀！
為什麼？你之前不是說要學嗎？
我只是隨便說說而已。
搞什麼，原來你是光說不練！

《論語・為政第二》
「先行其言，而後從之。」
咳咳
不管做任何事情，都應該先採取行動，達成後，才告訴別人。
最重要的是付諸行動！
虧我聽了之後還那麼尊敬茉莉……
真是太失望了。
我那時候是真的想要做嘛！
接下來我一定會去做！
真的嗎？

以後在告訴別人之前，應該先自己實際做過，知道嗎？
……
知道了！
那時候只是想爭面子才那麼說……
如果真的要做，一定會很辛苦吧……
啊，不過……
撿垃圾馬上就可以動手！
咦？去觀摩看看好了。
貓咪英語會話教室
歡迎觀摩
ABCD

I have a pen.
I have an ……
Apple!
好像很有意思！
我昨天去英語會話教室觀摩了呢！
老師超有趣的！
哦？
以後都會去上課嗎？
這個嘛……
不告訴你！
別吊人胃口嘛！
哇哈哈哈
滑倒

13 從過去的經驗中學習

溫故而知新。

《論語・為政第二》

鑽研從前的經驗，運用在新的事物上。

論語教室
喂，阿茶！
我說阿茶啊！
阿茶！
啊，對不起！
驚
我看得太入迷了。
你在看什麼書？
介紹各種發明的書！
關於發明
我想要發明對全世界有貢獻的東西，所以正在研究發明家的靈感來源。
哦，挺上進的嘛！

但是如果你參考別人的作法，就成了模仿。
這種事情，你得靠自己想才行。
……
咳咳
倒也不是這麼說。
《論語・為政第二》
「溫故而……
知新！」
溫故而知新
意思是鑽研從前的經驗，
運用在未來的事件上。
從前的經驗？未來的事？

生活周遭找得到這樣的例子嗎？
對了，例如電鍋！
市面上有些電鍋以「煮出來的飯，口感吃起來像爐灶煮的」作為宣傳口號。因為從前的飯就是用爐灶煮的。
從前
現在
沒錯，爐灶的火力能當作設計電鍋時的參考。
哦～
把從前的經驗當作參考。

茉莉，你在吃什麼？
我在吃薑糖！
薑糖
對了，一到冬天，用薑做的食品就會變多。
因為薑有暖身的效果，從前的人相信，吃薑能預防感冒。
這也是來自於過去的知識！
聽從前人流傳下來的經驗，或是閱讀書籍，學習古人的觀念，原來是這麼重要的事！
我越來越有幹勁了！
我要好好研究古代的東西，發明出新的東西！
《論語》不也是這樣嗎？

《論語》雖然是大約兩千五百年前的書，但我們還是能從裡頭學到新的道理！
次郎這句話說得真好！
《論語》真是太偉大了！
喵公老師也算是從前的人，所以聽從老師說的話也相當重要！
哎呀～
真讓老夫害羞。
老夫現在心情不錯！
如果有什麼想知道的，儘管發問，沒問題！
真的嗎？

請問這個英文單字是什麼意思？
chair
太簡單了！
這是「椅子」的意思。
這個呢？
dish
kettle
「盤子」。
「熱水壺」。
「玻璃杯」。
「香皂」。
有老師真好！英語課的作業完成了。
沒想到老師也懂英語，真是個大發現！
竟然利用老夫來寫作業！

14 理解整體的狀況

回也聞一以知十，賜也聞一以知二。

《論語・公冶長第五》

顏回聽一個道理，就能悟出十個道理，我（子貢）聽一個道理，只能悟出兩個道理。

梅花開了呢！
春天到了！
咦，明明還這麼冷，梅花會不會太早開了？
梅花開了，就代表春天即將到來。是最早告訴大家春天來臨的花！
抖
抖
從梅花能看出春天的來臨，值得嘉許。
嘿嘿
我看到的可不太一樣。

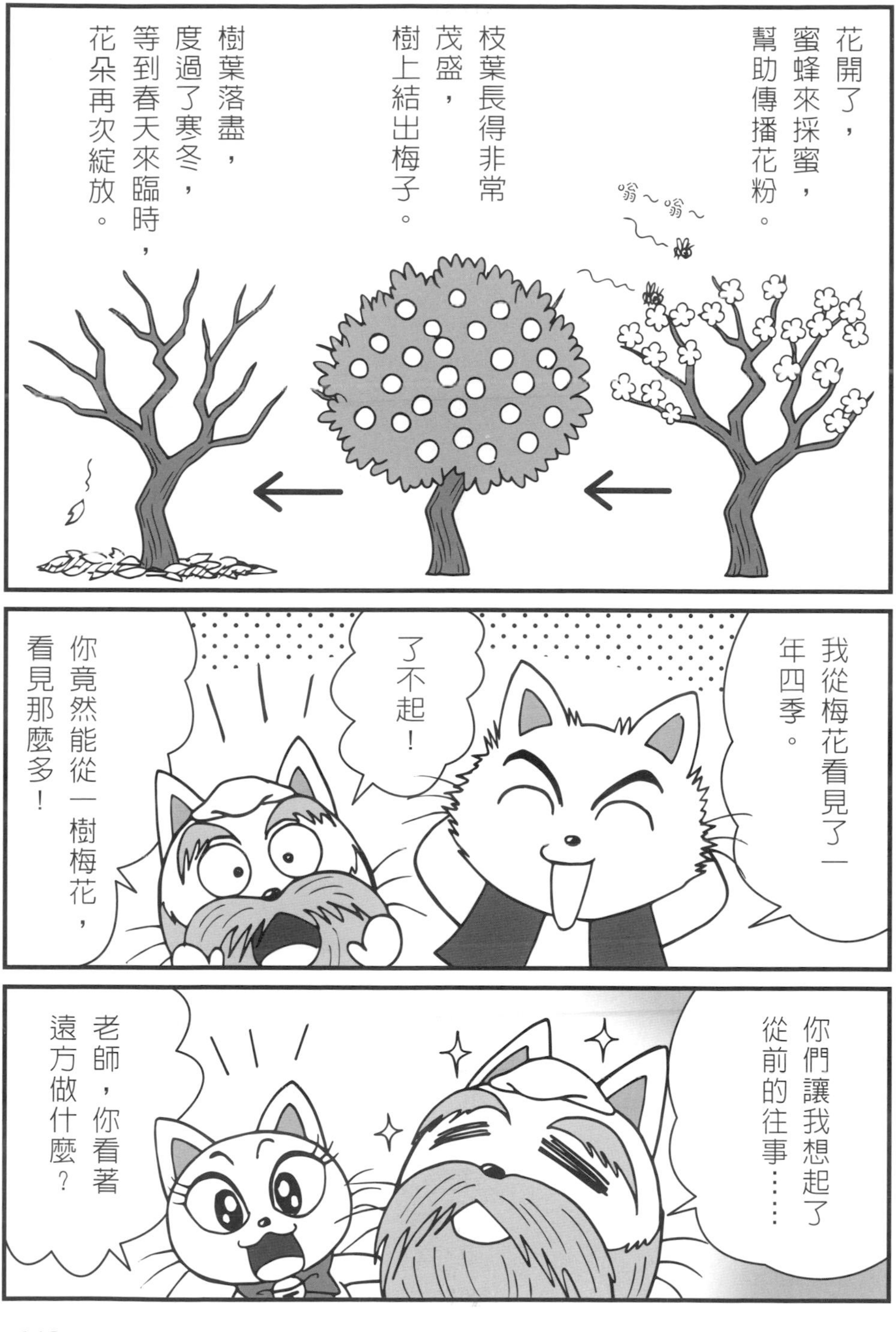
花開了，蜜蜂來採蜜，幫助傳播花粉。
嗡～嗡～
枝葉長得非常茂盛，樹上結出梅子。
樹葉落盡，度過了寒冬，等到春天來臨時，花朵再次綻放。
我從梅花看見了一年四季。
了不起！
你竟然能從一樹梅花，看見那麼多！
你們讓我想起了從前的往事……
老師，你看著遠方做什麼？

在投胎為貓之前，是中國古代的思想家。老夫名叫孔子，
老夫有兩個弟子特別優秀，一個叫顏回，一個叫子貢。
顏回是個世間少見的天才。
子貢雖然能夠理解世間的道理，
但想法總跳脫不了常識。
有一天，我問子貢，
你覺得你和顏回，
誰比較優秀？
唔？

《論語・公冶長第五》
「回也聞一以知十，賜也聞一以知二。」
顏回聽一個道理，就能悟出十個道理，我聽一個道理，只能悟出兩個道理。
老師一定會……這麼稱讚我吧！
不，你也很優秀啦！
興奮
喜
你說「你比不上顏回」，我也這麼覺得。
哎喲
顏回能夠悟出十個道理，所以比較優秀！
嗯，那個弟子十分了解我，
只要我起個頭，他就知道我接下來要說什麼。

「聞一知二」，是指從一件事中能看出下一件事。
「聞一知十」，則是從一件事就能看出整體的狀況。
如果以剛剛那棵梅樹做例子……
「聞一知二」是指從梅花看出春天的到來？
「聞一知十」則是指從梅花看出一年四季的更迭？
沒錯，就是這樣。
這麼說來，次郎就是顏回？
好厲害！
真難為情～
還差得遠呢！

那茉莉是哪一種呢？
咦？
唔……我不是知十，也不是知二……
到底我是哪一種呢？
我知道了！
快說、快說！
「聞一知零」！
這值得炫耀嗎？
跌

15

必須樂在其中

知之者不如好之者，好之者不如樂之者。

《論語・雍也第六》

知道學習不如喜歡學習，喜歡學習不如樂在其中。

今天買了點心請大家吃。
草莓大福
哇！是草莓大福。看起來好好吃！
太棒了！
……
草莓大福
阿茶，怎麼了？難道你不知道草莓大福？
我知道啦！
就是在麻糬裡包入草莓，對吧？
雖然沒吃過，但只要一想到紅豆餡和草莓混在一起，就覺得怪怪的……

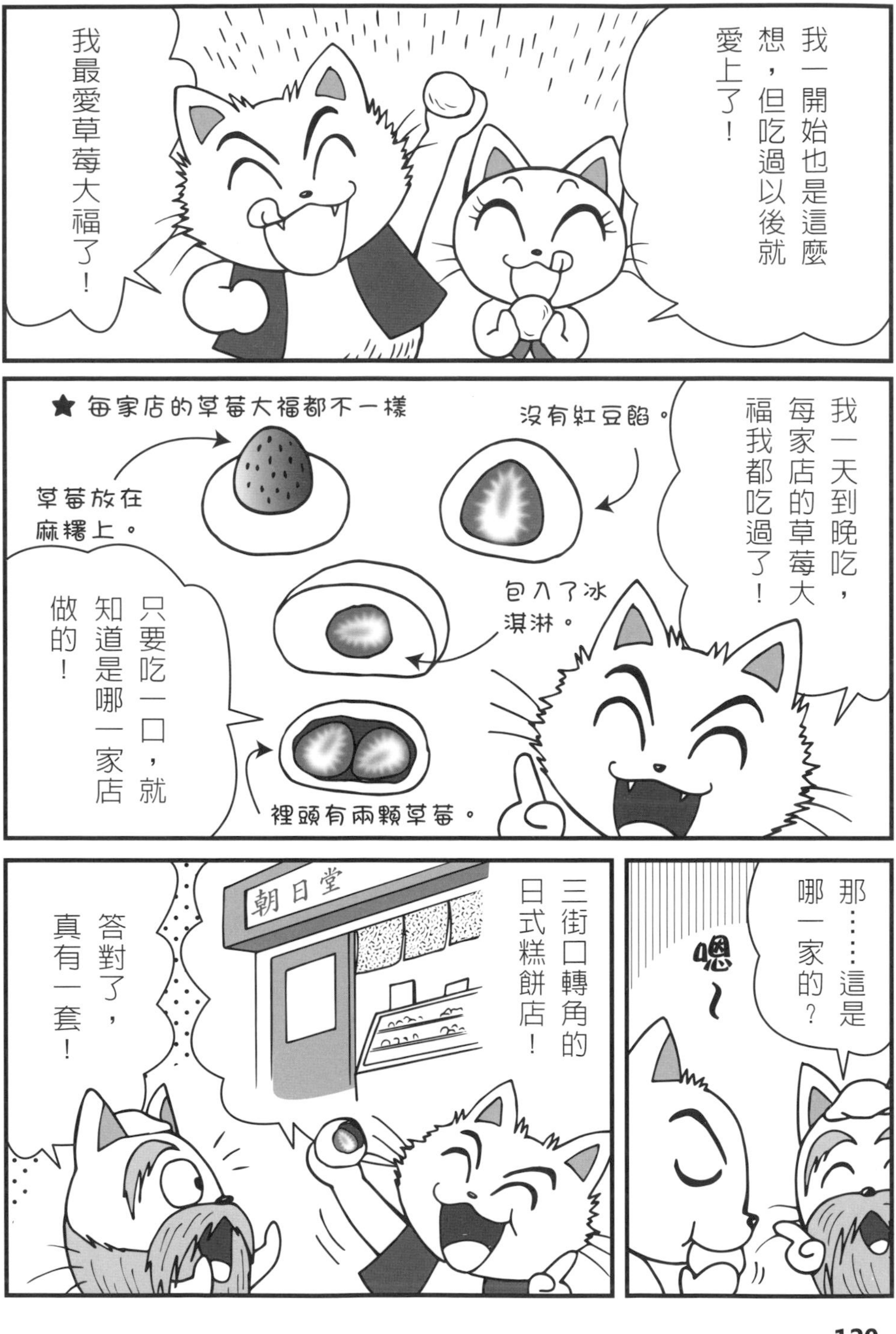
我一開始也是這麼想，但吃過以後就愛上了！
我最愛草莓大福了！
我一天到晚吃，每家店的草莓大福我都吃過了！
★每家店的草莓大福都不一樣
沒有紅豆餡。
草莓放在麻糬上。
包入了冰淇淋。
只要吃一口，就知道是哪一家店做的！
裡頭有兩顆草莓。
那……這是哪一家的？
嗯～
三街口轉角的日式糕餅店！
朝日堂
答對了，真有一套！

《論語．雍也第六》
「知之者不如好之者，
好之者不如樂之者。」
知道一件事不如喜歡一件事，
喜歡一件事不如對這件事樂在其中。
的確，在關於草莓大福的知識上，我比不上次郎。
不管是讀書或運動，都可以適用這句話！
嗯！
說得很好。
？
？
怎麼說？

以音樂來說，比起光是聽過一首歌……
這個我聽過。
喜歡這首歌的人更能體會其中的意境。
原來歌詞是這個意思。
而如果能徜徉在音樂裡，透過旋律來鼓勵自己，將會更有幫助。
讀書也是一樣，樂在其中比死記更能深入了解。
沒錯，沒錯。
好，我決定了！
吃吃看！
咦？沒有了！
空空的

我以為你不吃，就吃掉了。
不……不會吧……
搖晃
跪倒
阿茶太誇張了……
老夫的分給你吃吧！
反正想吃隨時都能去買。
謝謝老師。
咬
好好吃！
原來草莓大福是這麼好吃的東西！
我愛上它了！我開始對它著迷了！
你那是什麼眼神？想跟我分個高下嗎？

隔天……
論語教室
我帶草莓大福來了。
次郎，你吃得出來是哪一家做的嗎？
哇啊！
這太簡單了！
好吃！
這種口感從未吃過……
到底是哪一家做的？
想不出來
這是我自己做的。
我記住味道，研究做法，決定嘗試做做看。
能自己試著做出來，實在了不起！
謝謝老師的誇獎！
看來你遇到對手了！
喵嗚～

16

不生氣，不犯相同的錯誤

好學，不遷怒，不貳過。

《論語・雍也第六》

（顏回）很喜歡讀書，從不把怒氣發洩在別人身上，而且不會犯相同的錯誤。

今天帶餅乾請大家吃！♫
啦啦啦
踩
滑倒
哇啊！
啊——餅乾都碎了！
到底是誰！
把香蕉皮扔在這！

啪
哇，茉莉，你怎麼了？
發生什麼事？
啊，香蕉！
我在畫畫，怎麼了嗎？
都是因為香蕉，我的餅乾才會變成這樣！
咦？
你要怎麼負責？
可是，這和我沒關係吧？
唉……

《論語・雍也第六》
「不遷怒，不貳過。」
就算遇上讓人生氣的事，也不能把怒氣發洩在不相關的人身上，而且不能犯相同的錯誤。
可是……說起來簡單，做起來好難。
不，在古代的中國，就有個人能夠完美做到。
那就是老夫好久好久以前的弟子「顏回」……真讓人懷念。
對了，老師是孔子投胎轉世！

當時老夫住在魯國，魯國君主哀公問了老夫這麼一個問題。
「你的弟子之中，有誰特別好學？」
老師怎麼回答？
老夫是這麼回答的……
有個叫顏回的弟子非常好學。
從不把憤怒的情緒發洩在別人身上，也不會犯相同的錯誤。
可惜他年紀輕輕就不幸過世。
從那之後，我再也沒聽過弟子裡有誰比他好學。

「好學」並非只是喜歡讀書而已。
必須擁有上進心，帶著愉快的心情學習，讓自己的人格也跟著成長。
原來如此。所以他不遷怒別人，也不會犯相同錯誤。
我越來越佩服顏回了！哪像我，只要一生氣，就會胡亂遷怒別人。
我雖然不會表現出來……
但會一直悶在心裡。
就算做不到顏回那樣，你們還是可以多練習克制怒氣。
有啊，我經常練習呢！

我克制怒氣的方法是鍛鍊身體，讓心情變得舒暢！
我喜歡聽音樂，尤其是莫札特的曲子，特別能夠放鬆。
很好！
茉莉，你呢？
你還在生氣嗎？
咦，我剛剛在氣什麼？
能夠馬上忘記，也算是一種才能。
跌

17 多為未來打算

人無遠慮，必有近憂。

《論語・衛靈公第十五》

如果不事先盤算將來的事，馬上就會遇到必須擔憂的麻煩。

謝謝大家前來參加今天的社區貓咪集會日。
次郎會長！
請問下一季的貓咪祭典安排得如何？
呃，這個嘛……
老實說……
因為預算不夠，可能無法舉辦。
咦！？

過去這段日子，我們毫無節制的亂花錢。
尾牙聚餐！
新年會！
預算已經花光光了……
應該事先好好計畫才對。
我也這麼覺得。
實在不該嫌麻煩。
看來是辦不成了。
對！
虧我們那麼期待，真是的。
唉一唉
……
論語教室

因為這樣……次郎現在非常沮喪。
陰沉……
《論語・衛靈公第十五》
「人無遠慮，必有近憂。」
「慮」的意思是把事情好好想清楚，
慮
憂
「憂」的意思是擔心或煩惱。
整句的意思是，如果不事先盤算將來的事，馬上就會遇到必須擔憂的麻煩。
慮
憂
我知道錯了，正在反省中。

只要平常多預想未來未發生的狀況，就能明白現在該先做些什麼。
未來
在做任何事之前，都應該先想到未來。

我不喜歡早上起床時慌慌張張的，
所以會在睡覺前把隔天要帶的東西準備好。
這是很好的習慣。

我想永遠保持好身材，
所以盡量不吃甜食，而且每天做美容操。
哇哈哈
呵呵，這也很好。

原來大家平常就會想那麼多。
和他們比起來，我做事實在是太草率，太沒有計畫了。
你在想什麼？
唔～
但我實在不擅長安排計畫。
為了社區貓咪集會的未來著想……
喵
？
茉莉，上次選舉的時候，你好像說過想當會長？
是啊，怎麼了？

好，決定了！
我把會長寶座讓給你！
指
咦？
因為……這個緣故……
從現在起，會長就是我。請多多指教！
不會吧？
真的不要緊嗎？
人無遠慮，必有近憂。
擔心
長老對《論語》也有研究啊！
別這樣，我會好好做，不會讓你們擔憂的！

18

先從自己做起

克己復禮為仁。

《論語・顏淵第十二》

克制自己的欲望，回歸該有的道德禮法。只要品德高尚，就會受到他人的景仰。

今天是社區貓咪集會的健行大會！
大家都到齊了嗎？
到齊了
新會長
茉莉
那我們朝著後山山頂出發吧！
好～
這是茉莉當上會長後的第一件工作。
對呀，我會加油的！
大家有沒有好好跟上？

你看，
你看！
哇～
沒人跟上來。
你們在做什麼啦！
為什麼沒有好好排隊？
會長，你看！
哇，好漂亮的花海！
我想做一個花環！
拔
拔拔
我也要，我也要！
不能亂摘山上的花。

會長，怎麼連你也在做這種事！
啊，一時忘了！
驚
大家繼續前進，別再脫隊了！
好～
太棒了，是草莓田！
不行，不能偷採別人田裡的東西！
哇！
可是……
看起來好好吃。
我說，會長啊……
啊，對不起！

我帶了伴唱麥克風唷！
啦啦啦啦～
下一首換我唱！
飛
飛
我製作了一架無人機。
茉莉！
哇啊～
啊～
真是亂七八糟！
論語教室
健行大會辦得順利嗎？
發生了不少狀況。
茉莉根本沒有負起身為會長的責任！
《論語・顏淵第十二》
「克己復禮為仁。」
只要能克制欲望，回歸該有的禮法，那就是仁。

這裡的「己」指的是個人的利益和欲望。
克己復禮為仁
「禮」指的是該遵守的規矩。
「仁」指的則是正確的處世之道。
遵守規矩必須從自己做起。只要克制內心的各種欲望，心靈就會變得純淨。
別人也會景仰自己，認為自己是個品德高尚的人。
總之，就是要先讓自己的品德變得高尚，是嗎？
沒錯！
只要先從自己做起，
大家就會聽我的話。

要當一個受到景仰的領袖，就得先磨練自己。
好好努力吧！
是！
過了一星期……
大家要好好跟在我後頭喔！
又是健行？
來踢足球嘛！
我會一直舉辦健行大會，直到你們聽我的話！
不會吧～

19

互相磨練追求進步

如切如磋，如琢如磨。

《論語・學而第一》

切割之後研磨，雕刻之後磨光。（指互相磨練，追求更高的境界。）

午安，茉莉。
伊莉莎白
我發現一家漂亮的咖啡廳，要不要一起去？
抱歉，我現在沒什麼錢。
今天我請客，陪我去嘛！
真的嗎？好，一起去！
太好了！
每次和茉莉在一起，我都覺得好開心。
真的嗎？
那家店就在……

茉莉好了不起。
竟然能夠那麼自然的和伊莉莎白說話。
我每次看到她都很緊張……
我和伊莉是認識很久的好朋友。
論語教室
你叫她伊莉？
伊莉雖然很有錢，
但從來不擺架子。
你該不會是故意拍她馬屁，討她歡心吧？
好過分！我才不做那種事！
咳咳
今天我們來談談「切磋琢磨」。
開玩笑的啦～

我好像聽過這句話。
切磋琢磨
切開獸骨或獸角
研磨
雕刻玉石
打磨拋光
這四個字的意思分別是這樣。

加工動物的骨頭或角時，必須先將骨頭或角切成想要的形狀，再進行研磨。
寶石加工時，也必須先將寶石雕刻成合適的形狀，再打磨拋光。

同樣的道理，只要我們不斷研磨自己的內心，
不管有沒有錢，都能夠成為品德高尚的人。
研磨內心？
讓內心變乾淨嗎？
可以這麼說。
但要怎麼讓心變乾淨呢？
唔～
香皂只能拿來刷洗身體……
刷
刷
卻洗不到內心。

意思是不是指，別做會讓內心變醜陋的事？
例如：鬧脾氣、發怒、發牢騷……
煩悶
怒
真是的！
哦！
還有別說粗魯的話。
沒錯，說話也是很重要的。
對了！
我聽說只要打掃環境，內心也會變乾淨！
要清潔看不見的內心，先從清潔看得見的東西做起。
好，今天我們來打掃教室的環境。
真是個好主意。
啪
啪

好好研磨內心。
別管有錢或沒錢。
追求品德高尚。
對了，我還聽說打掃廁所能增加財運！
我來掃！
我來！
WC
有錢還是比沒錢好一點！
唉……

20 不必覺得孤單

德不孤，必有鄰。

《論語．里仁第四》

有品德的人不會感到孤單，一定能找到理解自己的人。

好久沒和茉莉一起玩。
自從茉莉開始去那個什麼教室上課，我們就很少見面了。
論語教室啦！
丟
別亂丟垃圾。
咦？
什麼嘛！你以前還不是經常這麼做。
怎麼突然當起乖寶寶？
我才沒有裝乖寶寶！

我們到溪邊釣魚吧！
抄近路！
走吧！
走吧！
啊～
不能從花叢上走過去啦！
踩
踏
這些花一定是有人種在這裡的。
嗚，折斷了。
你從剛剛就好囉唆喔！
以前你還不是這樣走過去！
以前是沒有注意到。
現在想想，以前真的給別人添了很多麻煩。
什麼？
你說我們給人添麻煩？

為了自我反省，我們今天在公園裡撿垃圾，好不好？
你在說什麼？
才不要！
我們要去釣魚啦！
我再也不想和茉莉一起玩了！
爬
再見！
啊……
論語教室
孤零零……

感覺好孤單……
完全沒有朋友……
沮喪
「德不孤，必有鄰。」
《論語．里仁第四》
德
指的是仁慈的心及高尚的品格。
孤
指的是孤單、孤獨。
鄰
指的是親近、靠近。
有品德的人不會感到孤單，一定能找到理解自己的人。
真的嗎？
做好事有時反而會受到批評，不用太在意啦！
啪
痛

茉莉，其實我每天早上都會去撿垃圾。
以後要不要一起去？
我偶爾也會去撿，原來你也在做呀！
咦？
什麼？既然你們都在做，那我也要加入！
從明天開始，大家一起撿！
哇哈哈哈
很好，很好！
從此之後，他們每天早上都去撿垃圾。
原來我並不孤單。
那當然。
你們真是太偉大了！

看你們撿垃圾好像很快樂，我也想試試看。
能讓我加入嗎？
伊莉，當然歡迎！
連大小姐伊莉莎白都加入我們的行列，真是太棒了！
請大家多多指教。
果然是「必有鄰」。
喂，你為什麼要拉著我的手撿？
我不敢直接摸垃圾。
畢竟是大小姐……

21 什麼是慈悲心？

廄焚。子退朝，曰：「傷人乎？」不問馬。

《論語．鄉黨第十》

馬廄焚毀了。孔子從辦公的地方回來，只問：「有沒有人受傷？」卻沒問馬的情況。

茉莉，你帶了這麼多零食要去哪裡？
社區貓咪集會等一下要舉辦同樂會。
會長負責買東西？
真辛苦～
餅乾
脆片
洋芋
巧克力
茉莉，危險！
轟
轟
轟
咦？
轟轟轟
哇啊！
噗
啊——
壓扁

○○公園
這是怎麼回事？
爛成一團
對不起，我摔了一跤，零食被車壓扁了……
這怎麼吃嘛！
虧我那麼期待！
唉～唉
把會費還給我！
茉莉，你有沒有受傷？
幸好你沒事！
次郎……阿茶……

論語教室
原來發生了這種事。真是辛苦茉莉了。
只有次郎和阿茶為我擔心！
了不起！這就是「仁」的真諦！
哈哈，謝謝誇獎。
在我身為人類時，發生過這麼一件事……
當時我在公家機關上班。

有一天，當我回到家時，馬廄竟然發生了火災。
怎……怎麼會？
老爺，您的馬……
別管馬了，大家都沒事吧？
沒事！
比起失去馬，我更擔心的是有沒有人受傷。
當時馬匹應該是非常重要的交通工具。
但老師關心的卻是僕人們的安危。
阿茶，你知道的真多。

出事的時候，應該以關心取代責罵。
像這樣的慈悲心是很重要的。
零食只要再買就有了。
茉莉的命只有一條，沒有東西可以取代。
你們……
竟然這麼關心我……
流淚
太叫人感動了。
啊，對了！

我向老師借的書，也和零食一起被車子壓爛了！
驚
這……這是非常珍貴的書……
抖抖抖
已經買不到了……
抖抖抖
但……只要茉莉沒事……那就好……
哇
哈
哈
老師的表情好僵硬……

22
凡事不偏不倚

中庸之為德也，其至矣乎。

《論語．雍也第六》

不管做什麼，既不偏頗也不動搖，那是多麼美好的事情。

論語教室
今天我們來小考，看看你們有沒有把所學……
都記在心裡。
什麼？突然要小考？
我還沒做好心理準備……
限制時間三十分鐘，開始！
這是第一次上課時教的。
嗯……嗯
緊張緊張

好，停筆！現在我們一題一題來對答案！
第一題
學而時習之，不亦說乎？有朋自？來，不亦樂乎？
空格裡面要填入什麼？
答案是「遠方」。
糟糕，我寫成「家」了。
我已經忘光光了。
哈哈哈
我寫成了「遠處」。
教這句的時候，阿茶還沒來教室上課。
這題算你對一半。
對……對一半……

第二題，這個字是什麼意思？
恕
我知道
意思是「生氣」！
「恕」和「怒」很像，但意思是「推己及人」，也就是仁慈之心。
哎呀！
我又錯了。
茉莉說對了！
我……我根本想不起來……
跪倒
啊，你怎麼了？
我明明很努力念書，卻因為緊張而想不起來……
這有什麼好難過的？
我是一隻大笨貓……

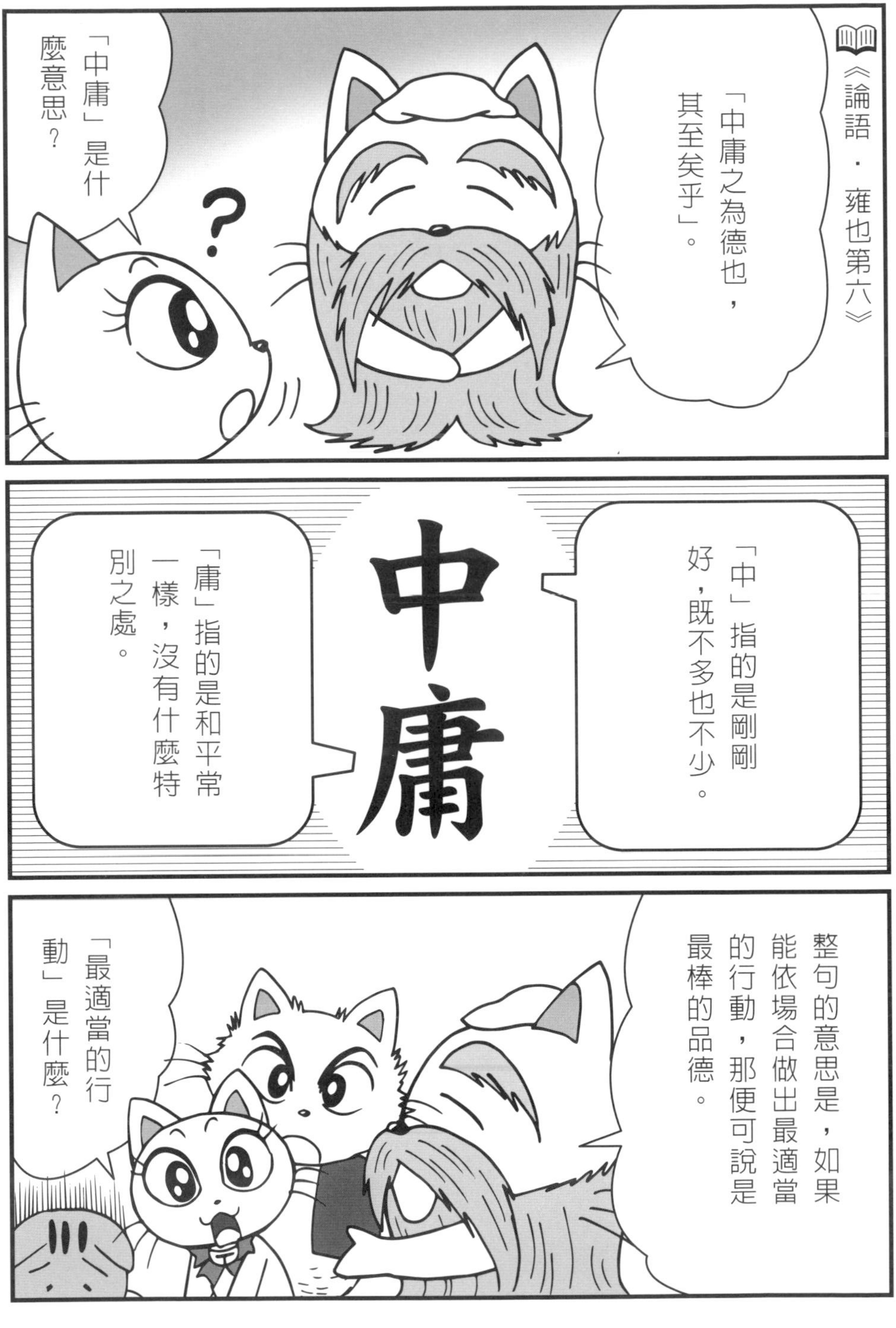

《論語．雍也第六》
「中庸之為德也，其至矣乎」。
「中庸」是什麼意思？
中庸
「中」指的是剛剛好，既不多也不少。
「庸」指的是和平常一樣，沒有什麼特別之處。
整句的意思是，如果能依場合做出最適當的行動，那便可說是最棒的品德。
「最適當的行動」是什麼？

考試成績的好壞並沒有什麼大不了，太過在意或太不在意反而才是問題。
不管做任何事，都應該有個分寸。
我不管考幾分，一點都不在意。
多少也該在意一下吧？
我……
我太在意了。
原來這才是問題。
我果然是隻沒用的貓……
你那麼沮喪，也不是件好事啦！
倒地

總而言之，就是不管做什麼事，都別太極端。
普普通通就好了。
《論語》真的讓我學到很多。
嗚
是啊，是啊！
哇哈哈
老夫的「論語教室」很有趣吧？
普普通通啦！
哎呀

23

做人應該耿直

人之生也直，罔之生也幸而免。

《論語・雍也第六》

人要正直，才能活得安定。那些不正直的人還能平安生活，只是僥倖逃過災難而已。

噹——噹
你們看，我買了「爪子亮晶晶」！
爪子亮晶晶？
啊，這是黑貓公司賣的磨爪板，對吧？
對啊，我事先預訂，好不容易才買到的。
聽說黑貓公司的老闆突然變得很有錢，都是因為「爪子亮晶晶」非常暢銷。
哇哈哈
哦？

這東西有那麼好用嗎？
聽說只要持續使用，爪子就會像鑽石一樣光亮呢！
但這東西怎麼看都像普通的瓦楞紙板……
你花多少錢買的？
三千元！
三千元？
可是看起來只有三十元的價值……
你該不會是被騙了吧？
才……才沒那回事！
爪子真的會變超級光亮！
抓
抓
抓
抓
抓

啊！
撕
破
……
怎麼會這麼容易就破了。
你果然是被騙了。
太可惡了！
我要去罵那個老闆！
怒
茉莉！
我記得那間公司就在附近……
右盼
左顧

黑貓公司
啊！
請問發生什麼事了？
聽說「爪子亮晶晶」是假商品，老闆被逮捕了。
我可是買了十片！
我竟然這麼輕易上當！
好不甘心！
……
論語教室
《論語・雍也第六》
「人之生也直。」

意思是，人應該活得耿直、老實。
喜歡投機取巧或騙人的人，就算還能好好活著，那也只是運氣好沒有惹禍上身。
原來如此。
就像那個老闆，到頭來還是被逮捕了。
沒錯！
欺騙別人總有一天會遇上災難。
想要活得幸福，就必須老老實實過日子，別想動歪腦筋。
嗯！嗯！
好，我會老老實實過日子的！
我也是！

數天後……
你們看！
噹
噹
爪子閃閃發亮！
你又買了其他磨爪板？
好漂亮～
我沒有買唷！
我只是發現，教室的柱子還蠻適合拿來磨爪子的！
抓
抓
抓
真的嗎？
住手！

24

遵守規矩

禮之用，和為貴。

《論語．學而第一》

禮儀規矩非常重要，因為可以讓所有人和平相處。

你們早！
凝視
怎麼了？
茉莉，你最近都沒有遲到了。
以前聚會，你至少會遲到十分鐘以上。
《論語》說：「過而不改，是謂過矣。」
意思是犯了錯卻不改，才是真正的過錯。
所以我決定要改掉愛遲到的壞毛病。
茉莉，你真的變了。
這都是「論語教室」的功勞。
呵呵

次郎，你最近變好多。
哪裡變了？
以前你會把你喜歡的東西硬塞給我，但你現在不會這麼做，性格變得溫和許多。
這個很好吃，拿去吃！快拿去！
我現在不想吃……
餅乾
「己所不欲，勿施於人。」
我也不喜歡別人硬要我做什麼事，所以我改掉了這個毛病。
那是《論語》說的嗎？
是啊，我學到好多事情，很有意思喔！

阿茶，你最近很少悶悶不樂呢！
因為我學會了「中庸」的道理。
中庸？
不管什麼事都應該保持適可而止的平常心，不要太得意或太難過。
這是我在論語教室學到的知識。
哦？
老師早安！
喀啦
喀啦
很好，今天打招呼也十分有精神。
打擾了。
咦？

請讓我加入！
熱鬧滾滾
我也要！
這是怎麼回事？
茉莉開始在論語教室上課後，真的變了很多，所以我也想來上課。
次郎也變了不少，讓我覺得《論語》真的很厲害。
非常歡迎！從今天開始，你們都是我的學生。
太好了！

📖《論語・學而第一》
「禮之用，和為貴。」
禮儀規矩非常重要，因為可以讓所有人和平相處。
「禮」指的是事先訂下的規矩。
禮
這些規矩都是為了讓生活更美好。只要確實遵守，就能與其他人和平共處。
明白！
我們感情這麼好，也是因為遵守教室的規矩。
笑
來，大家一起跟著我念！
禮之用，和為貴。

禮之用，和為貴。
禮之用，和為貴。
禮之用，和為貴。
今天論語教室裡也傳出了貓咪們朝氣蓬勃的叫聲。
喵～
喵～
喵～
喵～
喵～
喵～
喵～
發生什麼事了？
好多貓咪在叫！
？
學會了仁慈之心的貓咪們，
每天都過著和樂融融的日子唷！

論語教室總複習

問題1 先念一念左邊的論語名句，再從下方A～E的選項中，挑選出符合上方❶～❺的意思。

❶ 巧言令色，鮮矣仁。

❷ 見義不為，無勇也。

❸ 學而不思則罔。

❹ 性相近也，習相遠也。

❺ 過猶不及。

A 明明知道該做什麼事卻沒有去做，就是沒有勇氣。

B 每個人與生俱來的素質都相同，卻會因生活習慣而產生差異。

C 如果只是死背下來而不加以思考，不能算是真正的理解。

D 做過頭就和做得不足一樣，都是不好的。

E 只會阿諛奉承的人，不會有仁慈之心。

問題2 想一想，□裡該填什麼字？再從下方A～D的選項中，選出符合的意思。

❶ 回也聞□以知□，賜也聞□以知□。

❷ 如□如磋，如□如磨。

❸ □□和而不同，□□同而不和。

❹ □之者不如□之者，□之者不如□之者。

A 知道學習不如喜歡學習，喜歡學習不如樂在其中。

B 從一件事可以看出整體的狀況。

C 君子不會被人牽著鼻子走，小人則只會表面上認同。

D 指互相磨練，追求更高的境界。

答案

問題1

❶ E　❷ A　❸ C

❹ B　❺ D

問題2

❶ 一、十、一、二（意思）B

❷ 切、琢（意思）D

❸ 君子、小人（意思）C

❹ 知、好、好、樂（意思）A

仁

索引

（依首字筆畫排序）

2畫

4畫

5畫

6畫

7畫

著・漫畫　上重☆小百合

居住在日本神奈川縣。以少女漫畫雜誌出道，發表過許多以小學生為讀者群的漫畫作品。代表作有《魔法貓咪查克拉》、《交給烏拉娜！》、《天才猜謎狸貓》、「理科漫畫：跳出來！發明發現傳」系列、「熱血！故事成語道場」系列等。

監修　小島毅

日本東京大學教授。專業領域為中國思想史。著作有《儒教的歷史》、《東亞的儒教與禮》、《父親告訴兒子的日本史》、《父親告訴兒子的近現代史》等。在BS富士電視臺「be Ponkickies」節目論語單元中擔任監修工作。

翻譯　李彥樺

1978年出生。日本關西大學文學博士。現任臺灣東吳大學日文系兼任助理教授。從事翻譯工作多年，譯作涵蓋文學、財經、實用叢書、漫畫等各領域。

童漫館
喵嗚～漫畫論語教室
著・漫畫：上重☆小百合｜監修：小島毅｜翻譯：李彥樺

總編輯：鄭如瑤｜文字編輯：姜如卉｜美術編輯：陳虹諭｜印務經理：黃禮賢
社長：郭重興｜發行人兼出版總監：曾大福
出版與發行：小熊出版・遠足文化事業股份有限公司
地址：231新北市新店區民權路108-2號9樓
電話：02-22181417｜傳真：02-86671851
劃撥帳號：19504465｜戶名：遠足文化事業股份有限公司
客服專線：0800-221029｜E-mail：littlebear@bookrep.com.tw
Facebook：小熊出版
讀書共和國出版集團網路書店：http://www.bookrep.com.tw
印製：漾格科技股份有限公司
法律顧問：華洋國際專利商標事務所／蘇文生律師
初版一刷：2018年10月｜定價：300元
ISBN：978-957-8640-54-2

國家圖書館出版品預行編目(CIP)資料

喵嗚～漫畫論語教室 / 上重☆小百合著 . 漫畫 ; 小島毅監修 ; 李彥樺翻譯 . -- 初版 . -- 新北市 : 小熊出版 : 遠足文化發行 , 2018.10
192 面 ; 14.8×21 公分
ISBN 978-957-8640-54-2(平裝)
1. 論語 2. 漫畫

121.22　　107013280

小熊出版官方網頁　小熊出版讀者回函

沿線剪下喵公語錄隨身小卡，時時複習，學而時習之，不亦說乎？

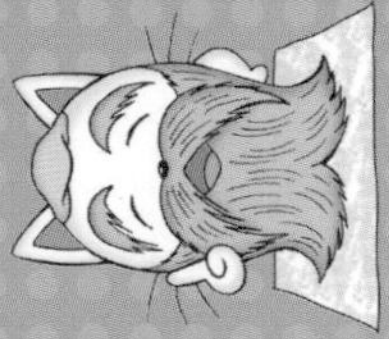

其恕乎！己所不欲，勿施於人。

《論語・衛靈公第十五》

仁遠乎哉？我欲仁，斯仁至矣。

《論語・述而第七》

過而不改，是謂過矣。

《論語・衛靈公第十五》

過則勿憚改。

《論語・學而第一》

不患人之不己知，患不知人也。

《論語・學而第一》

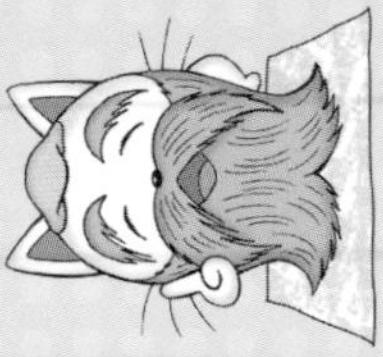

知者不惑，仁者不憂，勇者不懼。

《論語・子罕第九》

君子和而不同，小人同而不和。

《論語・子路第十三》

君子與朋友誠心往來，不會只是表面上的認同。
小人則只是表面上認同，沒有辦法誠心往來。

聰明的人不會不知所措，仁慈的人不會胡亂操心，勇敢的人不會心存恐懼。

就算他人不理解自己，也不必為此埋怨。
真正該擔心的是，自己不理解他人。

有了過錯卻不改正，那便是真正的過錯。
有了過錯，不要害怕改正。

仁慈離我們很遠嗎？
只要想獲得仁慈，仁慈自然就會來了。

這就是推己及人的道理！
自己不想承受的事，就不要施加在他人身上。